SOUVENIR DU SIÉGE DE PARIS

ANSELME VALLETTE

Lieutenant au 1er bataillon des Mobiles Vendéens

BLESSÉ MORTELLEMENT A BUZENVAL-MONTRETOUT

LE 19 JANVIER 1871

« Il avait un cœur d'or. »
(Un de ses compagnons d'armes.)

« Il fut le modèle des camarades, comme celui du soldat dévoué. »
(Id.)

FONTENAY-LE-COMTE

CH. CAURIT, IMPRIMEUR

1875

SOUVENIR DU SIÉGE DE PARIS

ANSELME VALLETTE

Lieutenant au 1er bataillon des Mobiles Vendéens

BLESSÉ MORTELLEMENT A BUZENVAL-MONTRETOUT

LE 19 JANVIER 1871

« Il avait un cœur d'or. »
(Un de ses compagnons d'armes.)

« Il fut le modèle des camarades,
comme celui du soldat dévoué. »
(Id.)

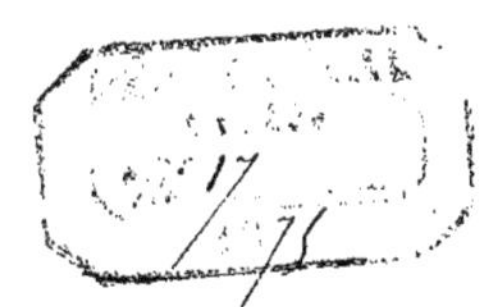

FONTENAY-LE-COMTE

CH. CAURIT, IMPRIMEUR

1875

Ces quelques pages sont écrites avec le cœur et sans aucunes prétentions littéraires.

J'ai voulu dire seulement ce que fut Anselme Vallette, dans sa courte mais glorieuse carrière militaire; j'ai voulu, en quelques mots simples et vrais, retracer sa noble conduite pendant le siége de Paris par les Allemands, et la mort chrétienne qui termina cette existence de 22 ans. Ainsi, j'aurai donné satisfaction à une affection justement méritée, et laissé à ceux qui ont connu et aimé le jeune Vendéen un souvenir et un exemple de foi, d'honneur et de bravoure.

R. V.

A MONSIEUR MADELOR

LIEUTENANT-COLONEL DES MOBILES DE LA VENDÉE

PENDANT LE SIÉGE DE PARIS

Pouvais-je mieux dédier mon petit travail qu'en l'offrant au brave officier qui commandait le 35e mobiles, à la fin du siége de Paris? Il avait connu Anselme Vallette, il l'avait vu à l'œuvre, je veux dire au feu, et il lui avait accordé toute son estime et toute sa sympathie.

La lettre qu'il m'écrivit fait trop l'éloge et de nos Mobiles vendéens et du jeune lieutenant de la 5e, pour la passer sous silence. Aussi, me suis-je fait un devoir de la reproduire ici :

« Auch, 1er septembre 1875.

» Monsieur,

» J'ai reçu à Auch, où je tiens actuellement garnison, la lettre par laquelle vous m'annoncez votre intention de consacrer quelques pages à la mémoire de votre regretté frère Anselme Vallette, lieutenant au 1er bataillon de la garde mobile de la Vendée, mort en combattant le 19 janvier 1871, à la bataille de Montretout.

» J'accepte la dédicace de la Notice que vous vous proposez de faire imprimer.

» Je suis resté fidèle au souvenir de ces braves jeunes gens, dont la direction m'avait été confiée, et je m'associerai toujours de tout cœur à ce qui pourra nous conserver la mémoire de l'héroïque dévouement de ceux d'entre eux qui sont tombés pour la patrie.

» Votre frère était un de mes meilleurs et de mes plus sympathiques officiers, et le pieux devoir que vous remplissez sera apprécié par ses compagnons d'armes autant que par moi.

» Agréez, etc.

» H. MADELOR,

» Chef de bataillon au 88e de ligne,
» Ancien lieutenant-colonel des Mobiles Vendéens. »

Connaissant le cœur et la muse si patriotiques et si vendéens de M. Émile Grimaud, j'osai m'adresser à lui pour en obtenir quelques strophes de préface.

Les excellents vers qui suivent furent sa réponse :

UN MARTYR

A la mémoire d'ANSELME VALLETTE, lieutenant des Mobiles Vendéens

Dans notre histoire vendéenne,
Moi qui, pour le mal plein de haine,
Cherche avec amour les héros,
Et pieusement pour leurs têtes
Tiens toujours des couronnes prêtes,
Qu'ils soient soldats ou généraux ;

Je veux, héroïque jeune homme,
Qu'un de mes chants au moins te nomme ;
A toi ce salut fraternel.
Si j'étais maître de la gloire,
Oui, je ferais sur ta mémoire
Briller un rayon éternel.

Que n'ai-je le pinceau d'Homère !
Je te peindrais quittant ta mère
Et le doux nid de ton printemps ;
On te verrait, grave et sans larmes,
De l'étude courant aux armes,
Dans la fleur de tes vingt-deux ans.

Tes goûts t'éloignaient de l'épée;
Mais, d'effroyables coups frappée,
La France est bien près de mourir!...
Honte au lâche qui l'abandonne!
Alors tu dis : « J'ambitionne
» L'honneur d'aller la secourir. »

Et tu partis pour le grand siége.
Le feu, la faim, le froid, la neige,
Rien, non, rien ne put t'émouvoir,
Novice officier, front stoïque,
Vivant d'une pensée unique :
— Toujours remplir tout son devoir. —

De tant de maux voici le terme.
Grâce à Dieu! car ton cœur, moins ferme,
Souffre trop, loin du toit natal.
Encore une immense hécatombe,
Et, qu'il triomphe ou qu'il succombe,
Paris sort du cercle fatal.

Tu vas la revoir, ta Vendée!...
Ah! sur ta poitrine, en idée,
Tu presses les tiens, jours et nuits.
Mais, à Buzenval, la mitraille
Éclate; il faut qu'à la bataille
Se mêlent ceux que tu conduis.

Lutte horrible! lutte effrénée!
Sombre et lamentable journée!
Partout du sang; la mort partout!
C'est de là-haut qu'elle s'élance...
Réduisez-les vite au silence,
Ces obusiers de Montretout.

Superbe de flamme guerrière,
Sur la colline meurtrière
Tu cours, tu cours, le sabre au vent.
A tes chers compagnons tu cries :
« Nous les aurons, leurs batteries!
» Encore un effort! En avant! »

En avant?... Eux iront peut-être;
Mais toi, Dieu ne veut plus permettre
Que ton élan hâte leur vol :
Tel qu'un aigle atteint droit à l'aile,
Sous deux balles ton corps chancelle,
Tombe, et ton sang rougit le sol!...

Ainsi s'éteint ta noble vie.
Qu'on te pleure; moi, je t'envie :
Nos *géants* t'accueillent aux cieux.
Leur âme est de joie inondée :
— Tu portes encore, ô Vendée!
Des héros, des martyrs comme eux!

ÉMILE GRIMAUD.

Nantes, 3 juin 1875.

Anselme Vallette naquit à Fontenay-le-Comte, le 13 janvier 1849. Son enfance fut délicate; mais, avec l'âge, ses forces comme son intelligence s'étaient développées, et, à vingt ans, il était au moral et au physique un jeune homme accompli. Après de bonnes études faites au collége de sa ville natale, il était allé suivre les cours de la Faculté de droit de Paris. Là, huit inscriptions prises et des cours suivis avec assiduité lui laissaient entrevoir, à prochain terme, la licence et le titre d'avocat, quand les malheurs que l'on sait vinrent fondre sur notre pauvre France.

L'infatuation produite par le plébiscite, le besoin d'une diversion au dehors pour conjurer les périls du dedans, et, au-dessus de ces causes humaines, l'heure du châtiment qui avait sonné pour la France, allaient précipiter notre malheureux pays dans un abîme d'humiliations et de revers, tels qu'il n'en avait jamais connus.

Au commencement d'août, Anselme revenait au milieu des siens pour y jouir d'un repos que réclamait, à juste titre, une année de travail assidu. Mais, ce repos devait être de bien courte durée.

La guerre venait, en effet, d'éclater, et quinze jours s'étaient à peine écoulés, depuis sa funeste déclaration, que Wissembourg, Forbach, Reischoffen avaient vu nos premiers échecs, et que la France était foulée par le pied des Teutons. Le Gouvernement, convaincu alors de l'insuffisance de nos forces militaires, songea à appeler les régiments de gardes mobiles;

et en vertu d'un arrêté ministériel, le 35e mobiles, régiment essentiellement vendéen, fut formé à 4 bataillons (1).

Les jeunes gens compris, en vertu de lois antérieures, dans la garde mobile, reçurent l'ordre de se réunir, le 17 août, au chef-lieu de leurs arrondissements respectifs. Le 28, le commandement du régiment était donné au lieutenant-colonel Aubry, officier supérieur d'infanterie en retraite, que d'anciens et honorables services, en Afrique, en Crimée, en Italie, appelaient à un tel poste.

Fontenay, comme chef-lieu d'arrondissement, était désigné pour recevoir et former un bataillon : ce fut le 1er bataillon, qui, premier par son appellation, se montra toujours digne de marcher aux premiers rangs.

L'appel fut entendu de nos populations, et, au jour fixé, tous nos mobiles étaient à Fontenay. On dit que le Vendéen aime son clocher : c'est vrai; mais il aime aussi *sa* France. Bientôt, les exercices s'organisent : tous ceux qui ont quelque peu manié le fusil ou le sabre s'offrent avec empressement pour instruire ces jeunes soldats, tandis que les cadres se forment. Les officiers manquaient, et les anciens sous-officiers de l'armée avaient été appelés par la réserve. C'est alors que l'on voit d'anciens officiers, d'anciens sous-officiers abandonner familles et foyer; c'est alors que l'on voit les jeunes gens de famille offrir, sinon leur expérience, du moins leur courage et leur dévouement. Anselme obtenait ainsi, le 13 août 1870, sa nomination — nomination provisoire — de sous-lieutenant à la 3e compagnie, signée du général Grandchamps, commandant divisionnaire à Nantes.

A peine pourvu de son grade, le jeune sous-lieutenant s'empressa de montrer qu'il en était digne. Toujours le pre-

(1) En réalité, le 35e mobiles ne comprenait que 3 bataillons, ceux de l'arrondissement de la Roche-sur-Yon et celui de l'arrondissement de Fontenay, le bataillon de l'arrondissement des Sables-d'Olonne ayant toujours été administré à part.

mier aux exercices, Anselme, l'exactitude même, n'y manqua jamais; et comme, au début de ce nouveau service, on l'invitait à prendre un peu du repos dont il avait tant besoin et qu'il n'avait pu goûter encore : « J'ai accepté un poste, répondit-il; » je dois y rester et faire entièrement mon devoir. » Ce n'est pas la seule fois que nous le trouverons aussi zélé, aussi dévoué, mais en même temps aussi ferme.

Anselme était Français, et, comme tout vrai Français, il avait ressenti les blessures faites à sa chère patrie. Aussi, s'il n'avait écouté que son patriotisme et son courage, s'il n'avait pas voulu céder aux prières de parents qui l'aimaient si tendrement, longtemps avant le moment où il devait, sous les murs de Paris, inaugurer sa belle conduite, il aurait rejoint la vaillante armée qui combattait sous Metz, et que des mains incapables, pour ne pas dire davantage, y laissèrent — si je puis m'exprimer ainsi — pourrir.

Anselme était Français, ai-je dit; aussi, quand viendra l'heure de quitter la maison paternelle, d'abandonner tous ceux qui, soit à titre de parents, soit à titre d'amis, l'aimaient et le regretteront toujours, il saura réprimer son émotion, et aux pleurs bien justes d'une mère, il répondra d'abord en fils en la couvrant de baisers, puis en soldat qui doit tout laisser pour voler à la défense de sa patrie : « Mon devoir! »

Oui, son devoir! il s'y montra constamment fidèle; et si l'un de ceux qui l'ont vu souffrir et combattre l'a appelé « un martyr du devoir, » le mot n'a rien d'exagéré et l'expression en est fort juste.

Le moment du départ approchait. Le 4 Septembre, jour de triste mémoire, avait lui. On était en présence d'un ennemi plusieurs fois vainqueur. Dans de telles conjonctures, ne devait-on pas sacrifier toutes opinions personnelles? Ne devait-on pas avoir tous la même pensée : le salut de la France et la destruction de l'ennemi qui foulait son sol?...

Les uns ont montré que, dans leurs cœurs, la France occupait la première place après Dieu : honneur et gloire à ceux-ci! Mais d'autres ont trop montré que, chez eux, la France était reléguée au dernier rang; à ceux-là, l'âme indignée ne peut leur jeter qu'un cri : honte et dégoût!

Pourquoi m'arrêter à cette date funeste? Le pauvre Anselme y pouvait-il quelque chose? Rien, sans nul doute. Mais, c'est que, si la guerre a, depuis ce jour encore, privé les familles de membres qui leur étaient chers, si le deuil a couvert de plus en plus notre pays, si celui, en un mot, dont j'ai voulu parler, a été ravi aux siens, nous le devons à ces hommes qui, après avoir renversé l'ordre existant, et assis au coin de leur feu, demandaient « la guerre à outrance! » tandis que nos malheureux soldats, nos malheureux mobiles, à peine vêtus, à peine nourris, mouraient sous les murs de Paris et sur les bords de la Loire.

Dans notre Vendée aussi, on ressentit le coup du 4 Septembre, et, je dois le dire, le premier cri fut un cri d'effroi; car la Vendée, Dieu merci, n'a pas complètement oublié son passé.

Pendant qu'à l'empire déchu succédait un gouvernement d'émeutiers, pendant que le travail d'organisation de la garde mobile s'effectuait, pendant que les armées allemandes continuaient sur notre capitale leur marche dès lors si facile, depuis la honte de Sedan, un homme, dont la conduite et les sentiments ont soulevé, à cette époque, la répulsion générale de la population vendéenne, un homme, dis-je, se chargea « d'expédier » à Paris les bataillons de mobiles vendéens. Comment? Pourquoi?... Ecoutez-le : « Il est allé à Paris pour » expliquer un refus, pour s'enquérir, au nom du Conseil » municipal, du prix des armes.... » Allons! dites plutôt : pour faire partir nos mobiles, qu'il est utile d'éloigner de leurs foyers et de républicaniser. Et, en effet, avant de quitter Paris, ledit délégué a eu soin de remettre au Gouvernement de la défense nationale une note qui ne laisse aucun doute sur son but et sur ses sentiments.

« *Faire partir le plus tôt possible les gardes mobiles de la*

» *Vendée. Les faire concourir à la défense de Paris, afin d'inté-*
» *resser les familles de chacun d'eux à ce grand effort national*
» *et à son succès. Cela produira un effet salutaire sur nos popu-*
» *lations rurales, chez lesquelles on a systématiquement entre-*
» *tenu, depuis trop longtemps, une antipathie profonde pour les*
» *villes en général, et pour Paris en particulier* (1). »

Je ne nommerai point cet homme; on comprendra pourquoi.

Les mobiles vendéens n'avaient, certes, point peur de la mort, et ils l'ont montré. Mais, enfin, pourquoi partaient-ils, eux Vendéens, tandis que leurs voisins, les mobiles des Deux-Sèvres, de la Vienne, de l'Indre-et-Loire... restaient encore dans leurs foyers?... Ah! c'est que Vendéens et Bretons (car il en fut de même des Bretons) pouvaient être gênants en temps de république, et leurs familles avaient besoin plus que toutes autres d'être, comme on l'a dit avec tant de cynisme, « *intéressées.* » Mais, à quoi bon s'arrêter davantage sur un écrit et sur un acte que mes lecteurs sauront juger à leur juste valeur?...

La note remise au gouvernement ne fut pas sans effet; car bientôt arriva l'ordre d'envoyer à Paris « les bataillons organisés des mobiles de la Vendée. »

Cet ordre, parvenu le 9 septembre, par l'intermédiaire du général de Martimprey, fut mis de suite à exécution. On voulait « se débarrasser » des mobiles; on ne tarda point à les « faire partir. » Du reste, les Allemands approchaient, et désormais on devait se hâter, si on voulait faire concourir les Vendéens à la défense de cette capitale « si calomniée. » Le jour du départ fut donc fixé au 13 septembre. La veille, le bataillon tout entier se rendit à l'église de Notre-Dame de Fontenay, pour assister à une touchante cérémonie, la bénédiction du drapeau. Ce drapeau, qu'ils ne devaient porter qu'au champ d'honneur,

(1) Copie textuelle du passage d'un procès-verbal. *(Séance du Conseil municipal de Fontenay, du 12 septembre 1870.)*

et qu'ils ne portèrent point ailleurs, c'étaient leurs mères, leurs sœurs, leurs amies, qui le leur offraient, acheté de l'or des unes et du travail des autres.

La cérémonie eut lieu, et dire le monde qui y assista serait vouloir nommer tous les habitants de notre ville. Qui aurait pu, en effet, refuser à ces jeunes soldats la sympathie qu'ils méritaient à tant de titres?

Avant de remettre le drapeau qu'il venait de bénir, M. l'abbé Ferchaud, le digne et vénéré prêtre qui a gouverné pendant de si longues années la première paroisse de notre ville, eut à cœur d'adresser quelques mots aux nobles jeunes gens qui l'entouraient — paroles émues, qui touchèrent tous les cœurs, et que je regrette de ne pouvoir reproduire.

Le lendemain, je l'ai dit, on devait se quitter. J'aurais bien voulu n'être pas obligé d'aller demander à autrui le récit de cette journée, de cette matinée plutôt. Il l'a fallu ainsi; car celui qui écrit ces lignes n'a malheureusement pu assister à ces adieux si touchants.

Du moins, ce récit est-il celui d'un ami; et c'est à ce titre que j'ai tenu à le reproduire tout entier :

« Il était à peine quatre heures, que le tambour nous » réveillait déjà. Le soleil était radieux, et semblait vouloir » venir dissiper la tristesse que ce jour ne pouvait que » répandre dans les cœurs, de ceux surtout qui restaient » au pays.

» Tout Fontenay était debout!... Chacun n'avait-il pas des » parents, des amis à embrasser... et les uns pour la dernière » fois!

» Les rangs se forment; il est cinq heures. M. Armand » Brisson, qui aura été le premier chef de bataillon de nos » chers mobiles, donne le signal du départ — signal des » « adieux! » ou plutôt des « au revoir! »

» Campagne de quelques jours, disait-on!... Ces jours » devaient être bien longs. Heureux, bien heureux, ceux » pour lesquels cette absence ne dure pas encore!

» On devait prendre le chemin de fer à Niort; on se dirigea » donc vers Benet. Jusques à *Granges*, l'ovation fut conti- » nuelle. De toutes les fenêtres partait une voix, à toutes les » fenêtres s'agitait une main, pour exprimer à ces jeunes » et vaillants cœurs qui allaient nous défendre la sympathie et » l'affection que l'on avait pour eux, et qui devaient les accom- » pagner jusque devant l'ennemi.

« Fils des *géants*, ils vont, comme leurs pères (1),
» Montrer partout ce que peut leur valeur...., »

» pensait-on.

» Enfin, on est à Granges. Le commandant arrête son ba- » taillon. L'heure de la séparation était véritablement arrivée. » Pour ceux qui n'avaient pu quitter la ville, elle avait déjà » sonné, ce n'était plus qu'un souvenir; pour nous, c'était la » réalité.

» Cette scène fut bien émouvante, et il aurait fallu avoir le » cœur bien dur pour ne pas en être touché.

» Quelle vraie fraternité dans tous ces cœurs vendéens! » Parents, amis s'embrassaient avec tant d'effusion!

» Et ceux-là même qui ne les connaissaient pas auraient bien » rougi de ne pas offrir leurs mains, sinon leurs joues, à ces » jeunes braves qui ne comptaient pas marchander leur sang.

» Pendant tout le trajet de Fontenay à Granges, je m'étais » toujours tenu à quelques pas du bon Anselme, qui marchait » devant sa compagnie, et, quand je dus le quitter, c'est de » bien grand cœur que je le serrai dans mes bras... »

Le trajet de Granges à Niort s'effectua sans incident. Seulement, à Benet, on fit une grande halte pour laisser aux troupes le temps de déjeuner.

Vers trois heures, le 1er bataillon des mobiles de la Vendée faisait son entrée dans la ville de Niort. L'accueil y fut tel, qu'on

---

(1) Extrait d'une pièce de vers signée : « *Un Vendéen,* » publiée par le *Journal de Luçon.*

se crut vraiment encore en Vendée. Deux-Sèvres et Vendée, comme autrefois, ne faisaient qu'un, ce jour-là. L'enthousiasme était général.

A six heures du soir, le bataillon par compagnies monta en wagon. Anselme, — si ce qu'on m'a dit est exact, — avait été détaché provisoirement de sa compagnie pour s'occuper des bagages du bataillon.

Le voyage s'effectua heureusement, quoique très lentement et avec des arrêts très fréquents dus à l'encombrement déjà énorme sur les lignes ferrées. Le lendemain, 14, à une heure du soir, on était à Paris.

A l'arrivée du train, on distribue les billets de logement. Les hommes sont, autant que possible, logés par compagnies dans le faubourg Saint-Germain et le Quartier-Latin; et, comme il reste quelques billets à la 3e compagnie, Anselme ainsi que son capitaine, M. Bory, et son lieutenant, M. Du Temps, en profitent et vont demander leur part « au feu et à la chandelle » de la veuve du célèbre M. Ingres. Celle-ci les envoie loger à l'hôtel Voltaire, où elle prend trois lits à son compte.

Là, Anselme, qui a pour lieutenant un de ses meilleurs amis, est heureux de pouvoir partager sa chambre avec lui. C'est ce qu'il écrivait lui-même de Paris, en date du 14 septembre :

« Mes bons parents,

» Je suis arrivé en bonne santé, ainsi que tout le bataillon; » mais je suis un peu fatigué, car j'ai fait une bonne partie de » la route de Fontenay à Niort à pied, et comme complément » nous avons passé dix-huit heures en chemin de fer. Partis » de Niort, hier au soir à six heures, nous sommes arrivés à » Paris aujourd'hui après midi...

» Je vous souhaite à tous une bonne santé, et vous embrasse » mille fois avec amitié.

» Votre fils dévoué,

» A. V.

» *P. S.* Je suis logé dans la même chambre que mon ami » Du Temps, et la chambre de M. Bory touche la nôtre. » Adresse : Hôtel Voltaire, quai Voltaire, 19. »

Une fois le gîte trouvé, on s'installe tant bien que mal, et dès le lendemain, 15 septembre, le devoir se montre dans tout son sérieux et dans toute sa rigueur. Deux fois et plusieurs heures chaque fois, Anselme va faire faire ou surveiller l'exercice sur le boulevard de l'Hôpital ; chaque jour, il doit, ainsi que les autres officiers, manger *à la popote*. Tel est l'ordre du capitaine Dautun, qui occupe provisoirement la place de commandant, M. Armand Brisson ayant dû, pour raison de santé, rester en Vendée.

Cela parut peut-être dur, au premier abord. — Mais cette véritable expression de la vraie égalité et de la vraie fraternité, mais ce contact presque continuel entre jeunes gens dans les veines desquels coulait un même sang, furent d'un heureux effet sur le régiment de la Vendée, et favorisèrent d'une manière bien efficace cet esprit de corps qu'on recherche presque en vain aujourd'hui dans notre armée. Tous étaient frères dans ce régiment, tous se connaissaient, soit intimement, soit de nom, soit de vue, et il n'en faut pas davantage pour rapprocher des cœurs qui sont éloignés de leur pays et de leurs familles, et auxquels les mêmes dangers, les mêmes misères sont réservés.

Officiers et soldats y gagnaient : et d'abord les officiers, qui, vivant avec leurs hommes et en partageant les peines, se faisaient connaître d'eux et en étaient plus sûrement obéis.

Les soldats n'y perdaient point eux-mêmes.

« La *popote*, nous disait un des hommes de la 3e compagnie, » manquait bien souvent *de sel ;* mais monsieur Anselme savait » toujours y remédier. »

« *A Paris, on attend la Vendée avec impatience,* » nous avait dit l'homme dont nous avons plus haut indiqué la mission sans l'apprécier. Et les Vendéens avaient à peine mis le pied sur le pavé de la capitale, qu'il se trouva un journal assez osé pour les insulter (1). Par qui était-il soudoyé? On le sait trop.

Mais l'article injurieux ne devait pas rester impuni.

Les « Chouans » ne se laissèrent point marcher sur le pied par les rédacteurs d'une infecte feuille, et, dès le surlendemain, les officiers du 35e mobiles se rendaient en corps dans les bureaux de l'insulteur, et, avec une énergie toute vendéenne, lui imposaient une rétractation humiliante que plusieurs journaux, tels que l'*Univers*, la *Gazette de l'Ouest* et la *Gazette vendéenne* s'empressèrent de reproduire.

Alors allait commencer la campagne. Le 16 septembre, le 1er bataillon se rendit à l'École militaire pour y recevoir des chassepots et y laisser les fusils à percussion distribués à Fontenay. La plupart des officiers étaient partis encore moins armés que leurs hommes, et ce jour-là Anselme lui-même compléta son armement.

A peine armé, le régiment est envoyé, partie aux remparts, partie aux *réserves*, situées en dehors des remparts. Le 1er bataillon passe la nuit du 18 au 19 campé dans les carrières de Montsouris, près la gare de Sceaux. C'est là qu'ont lieu, le 19, les élections des officiers, mesure déplorable, au dire de tous les hommes compétents (2). Malgré le bon esprit du bataillon, quelques officiers ne sont pas réélus; mais, dans la 3e compagnie, la presque unanimité maintint Anselme et ses deux supérieurs dans leurs grades respectifs. C'était rendre hommage à leur conduite, c'était prouver l'affection qu'ils avaient conquise chez leurs hommes, et l'attachement que ceux-ci avaient pour leurs officiers.

Le 23, le régiment, qui est rentré à Paris, en sort à une heure du matin, pour se porter vers Villejuif avec la 2e division d'infanterie du 13e corps (général divisionnaire Maud'hui).

---

(1) La *Cloche*.

(2) Voir l'*Enquête parlementaire sur le Siége de Paris*. (Rapport de M. Chaper.)

La 2e division l'avait devancé, et lorsque le 35e mobiles arriva, — il faisait à peine jour, — elle chassait les Prussiens de Villejuif, du Moulin-Saquet et des Hautes-Bruyères. Nos mobiles ne furent donc pas engagés pour cette fois, ou le furent faiblement du moins; mais ils prêtèrent leur concours pour établir des redoutes dans les diverses positions d'où l'on avait chassé l'ennemi.

A onze heures, l'affaire était terminée, et le 1er bataillon reçut l'ordre de se porter tout de suite à Gentilly et de s'y retrancher « au plus vite, » tandis que le reste du régiment occupait le Kremlin, près de Bicêtre.

On transforme le village de Gentilly en une petite forteresse, puis, l'arme au pied, on attend l'ennemi, qui n'ose approcher de ces retranchements improvisés; mais, de temps en temps, quelques obus seulement viennent inquiéter les défenseurs.

Puis arrivent les journées du 29 et du 30 septembre, journées des combats de Villejuif, de Chevilly et de Choisy-le-Roy (1).

Je ne crois pouvoir mieux faire que de citer textuellement, au sujet de ces deux journées, le passage d'une note qu'un ami dévoué du pauvre Anselme, le lieutenant Du Temps, a eu l'extrême obligeance de me faire parvenir :

« Le 29 septembre, nous sommes de retour à Villejuif.

» Tandis que le reste du bataillon va occuper la redoute du » Moulin-Saquet (?), notre compagnie, la 3e, est commandée » pour une reconnaissance de nuit. Notre capitaine, M. Bory, » commandant par intérim le bataillon, reste au camp. » Anselme et moi, nous partons alors avec la compagnie et » nous allons nous mettre sous les ordres du colonel du » 110e de ligne. La reconnaissance n'eut pas lieu de suite; et » comme nous connaissions déjà plusieurs des officiers de ce » régiment, ils nous engagèrent à venir passer la soirée avec

(1) Dans les différents combats de ces deux journées, les mobiles de la Vendée faisaient encore partie du 13e corps d'armée, commandé par le général Vinoy.

» eux, jusqu'au moment du départ. Heureux de rencontrer » cette diversion inattendue, nous nous empressâmes d'accepter et nous eûmes le plaisir d'assister à un véritable » concert. Ces messieurs avaient, en effet, trouvé dans la » maison qu'ils occupaient un assez bon piano, que les » propriétaires avaient abandonné ou pour le moins oublié. » Et, alors, grâce au concours de plusieurs d'entre eux, et » surtout d'un maréchal-des-logis d'artillerie, ancien ténor de » l'Opéra, qui s'était joint à eux, nous passâmes une soirée » des plus agréables.

» Mais, en guerre, les plaisirs, quand il en est, sont de courte » durée. Aussi, il était à peine minuit, que nous recevions » l'ordre de rejoindre notre régiment, en vue des combats qui » devaient se livrer le jour même, 30 septembre.

» Ce jour-là, nous nous trouvions former la réserve, — » réserve de gauche des 35e et 42e régiments de ligne (brigade du général de Guilhem, qui fut tué devant Chevilly),— » avec lesquels nous faisions division.

» Étant immobiles sur le haut du plateau de *Choisy-le-Roy*, » notre commandant demande des hommes de bonne volonté » pour se porter en tirailleurs en avant du régiment; plusieurs » se présentent, Anselme en tête. »

Voici, du reste, les paroles mêmes du commandant Bory :

« Dès la première affaire sérieuse que nous eûmes, le » 30 septembre, à Choisy-le-Roy (je commandais alors le bataillon), je pus distinguer mon jeune sous-lieutenant comme » l'officier le plus intrépide. J'eus besoin, ce jour-là, d'envoyer » quelques tirailleurs pour protéger une compagnie engagée. » L'officier n'était pas désigné qu'Anselme Vallette se précipita » à leur tête. Je lui serrai la main; ce furent mes félicitations... »

Paroles bien consolantes pour ceux qui surent former le brave jeune homme; car un tel témoignage montre ce qu'il était et ce qu'il pouvait faire, et laisse à penser ce qu'il a fait.

Anselme avait reçu le baptême du feu; il l'avait fièrement supporté.

Le 12 octobre, il se rend à Ivry avec tout le 1er bataillon, qui montre le zèle le plus louable dans les divers travaux qui lui sont confiés pour mettre en état de défense les villages d'alentour.

En un mot, du 23 septembre au 19 octobre, le 1er bataillon resta aux avant-postes, qu'il occupa successivement depuis le fort de Montrouge jusqu'à la Seine, en avant de Vitry, couchant quelquefois dans des maisons à moitié détruites, au milieu des décombres, et le plus souvent sur la terre humide, enveloppés dans de simples couvertures et sans tentes, et ayant maintes fois à faire le coup de feu avec l'ennemi.

« Mais, cependant, — écrit un officier de nos mobiles, — » notre séjour à Vitry fut certainement notre meilleur temps. »

Le 19 octobre arrive; on rentre à Paris, espérant prendre quelques instants de repos que réclament ces premiers mois de fatigues. D'un autre côté, cette rentrée dans la capitale était indispensable pour le 1er bataillon : les hommes manquaient de tout; n'ayant pu être équipés avant le départ, ils n'avaient ni sacs, ni vêtements, ni chaussures. Grâce à l'activité et au zèle du commandant Grégoire, ils purent enfin, après un mois de campagne, obtenir le nécessaire.

Anselme était bien heureux, lui aussi, de revenir à Paris. Ces premières épreuves, vu le mauvais temps, avaient été assez dures; sa santé, forte par avance, s'était bien soutenue, il est vrai; cependant, il avait pu connaître les inconvénients de coucher sur une terre humide et couverte de neige. Aussi, à peine réinstallés avec leur compagnie sur le boulevard Saint-Marcel, lieutenant et sous-lieutenant s'empressent-ils de faire chacun l'acquisition d'un lit de camp.

On comptait sur quelques jours de repos; mais on comptait sans les révolutionnaires parisiens. Jusque-là, ils étaient à peine sortis de leurs clubs : au 31 octobre, tandis qu'on mourait pour eux sous leurs murs et en province, ils crurent, eux, faire preuve de tout ce qu'ils possédaient de patriotisme en tournant contre un gouvernement, — qu'ils avaient applaudi cependant, — les armes qu'ils ne devaient porter que contre les ennemis de la France.

M. Thiers apportait l'espoir de voir bientôt conclure un armistice qui aurait eu les plus heureuses conséquences pour la France entière. Les radicaux crièrent à la trahison, se soulevèrent; en un mot, ne réussirent qu'à faire rompre les négociations entamées et à accorder aux Prussiens ce que ceux-ci attendaient avec impatience depuis longtemps déjà : une émeute, un essai de guerre civile.

Les soudoyés de Bismark, Flourens en tête, vont livrer un assaut à l'Hôtel-de-Ville. Le général Trochu appelle à la hâte auprès de lui les régiments de la Bretagne et de la Vendée, qui arrêtent singulièrement l'élan des communards.

C'est ainsi que le 35e mobiles, qui devait partir pour les avant-postes, passe plusieurs nuits sur les quais, au Louvre, sur les boulevards, tous lieux que l'on a convertis provisoirement en camps.

Seule, la 3e compagnie ne put suivre le régiment à l'Hôtel-de-Ville, car elle était de garde sur les remparts, à la porte de Versailles. Anselme le regretta : il aurait voulu, lui aussi, montrer à ces faubouriens ce que sont encore les Vendéens ; mais la consigne était là, il fallait obéir.

Quelques jours s'écoulent, et, le 18 novembre, équipés et vêtus à neuf, nos mobiles, faisant actuellement partie de la brigade commandée par le général de la Mariouse (1), partent pour Arcueil-Cachan. Un service d'avant-postes, très pénible et très dur, leur y était réservé. On montait la garde toutes les vingt-quatre heures, dans de longues tranchées qui réunissaient entre elles les redoutes des Hautes-Bruyères, du Moulin-

(1) Les quatre bataillons de la Vendée faisaient partie de la division Faron. — 1er corps d'armée (général Blanchard). — 1re armée (général Ducrot).

Saquet, etc. Or, le temps ayant été fort pluvieux à la fin d'octobre et au commencement de novembre, le séjour de ces tranchées creusées dans la terre glaise et remplies d'eau était affreux; d'autant plus que, lorsque la pluie cessait, un violent froid lui succédait. Cependant, quelque dur qu'ait été ce service, nos mobiles s'y plièrent avec courage. Mais l'état sanitaire ne pouvait pas ne pas s'en ressentir : les hôpitaux s'encombraient, l'effectif du bataillon diminuait.

Anselme supportait toutes ces misères avec résignation, et, grâce à Dieu, chez lui, force de santé et force de caractère semblaient vouloir rivaliser.

Son brave ami, son jeune lieutenant, avait été moins heureux que lui. D'une santé moins robuste, sans doute, il avait dû céder à la fièvre et quitter le bataillon pour l'hôpital.

Enfin, le 27 novembre, on reçoit l'ordre de distribuer aux troupes des vivres pour sept jours, et de se tenir prêts à partir au plus tôt. Un tel ordre annonçait évidemment un mouvement sérieux. Le gouverneur et ses généraux avaient, en effet, décidé qu'on tenterait une trouée à travers les lignes prussiennes.

Les Vendéens ne furent point oubliés dans cette occasion : ils en furent heureux. Ils s'étaient encore à peine montrés, et ils voulaient qu'on les vît à l'œuvre.

Voici, d'après l'*Ordre de mouvement* donné par le général Trochu à la 2e armée, ce que nos mobiles devaient effectuer :

« DIVISION FARON. — Elle quittera ses positions le lundi » après la soupe du matin, entrera dans Paris par la porte » d'Orléans, suivra la rue Militaire au pied du rempart, passera » la Seine au pont Napoléon, reprendra la rue Militaire jus- » qu'à la route de Charenton, tournera à droite, se dirigera » par Charenton et Saint-Maurice, et se placera dans le bois » de Vincennes, face à l'est, sa droite à la Marne, sa gauche » dans la direction de l'Obélisque, ne dépassant pas la lisière » du bois, son artillerie au fond du polygone, près des buttes. » Ce mouvement s'exécutera par brigade. »

La lecture de cet ordre du jour fut accueillie par la division avec le plus vif enthousiasme.

En conséquence de cet ordre, le 28 au matin, le 35e mobiles, avec la 3e division tout entière, va s'établir dans le bois de Vincennes. Le 30, nos mobiles quittent le bois à trois heures du matin, se dirigeant sur Champigny. C'est là, c'est à Cuœilly et à Joinville encore que, dans les journées du 30 novembre et du 2 décembre, le 35e mobiles se bat avec intrépidité. Mais il a éprouvé de cruelles pertes; car, à la bataille du 30, en escaladant le plateau de Chennevières, il a essuyé le feu d'une batterie ennemie, démasquée à cent mètres des lignes françaises.

Dans le 1er bataillon, le commandant Grégoire, le capitaine de Mouillebert sont restés au nombre des morts, tandis que le lieutenant Normand a la poitrine traversée par une balle.

22 officiers et 381 sous-officiers, caporaux et simples gardes tués, blessés ou disparus : tel était pour nos mobiles le triste résultat de cette campagne stérile, qui dura six jours, du 27 novembre au 3 décembre.

Voici, du reste, le récit de cette journée du 30 novembre, d'après une lettre qu'un des compagnons d'armes d'Anselme a bien voulu m'écrire :

« Nous avions dépassé Champigny; nous rencontrâmes, à » une distance que je ne saurais apprécier, une section d'ar- » tillerie qui était fort empêchée d'accomplir la mission dont » elle était chargée, par suite de l'occupation d'une auberge » située à l'angle de la route qui conduit à la *Queue-en-Brie :* » la disposition du terrain ne permettait pas de battre en » brèche les murs crénelés de l'auberge.

» Il fut décidé, séance tenante, que nous essaierions de » nous en emparer.

» Si mes souvenirs sont exacts, ce fut précisément la » 3e compagnie qui constitua le soutien de notre peu nom- » breuse artillerie. Le reste des bataillons se déploya dans des » vignes situées à droite des bâtiments formant l'objectif de » l'attaque.

» La mission qui nous était confiée, il faut bien l'avouer, » était au-dessus de nos forces. A peine apparaissions-nous » sur la crête de la colline, qu'une violente fusillade nous » rejetait brusquement en arrière. Cette secousse brisa les » compagnies : 60 ou 80 hommes, ne sachant où se rallier et » ne pouvant plus désormais reculer, se constituèrent d'eux- » mêmes et tant bien que mal en tirailleurs ; cette situation, » notez-le bien, était *absolument commandée* par les circons- » tances.

» Je faisais moi-même partie de cette ligne de tirailleurs...

» Quelques instants avant que je sois fait prisonnier, » j'aperçus Anselme debout dans la vigne et à quelques pas » de moi seulement. Je ne pus lui parler, les Allemands se » trouvant à très petite distance (quarante pas peut-être). Dans » quel but était-il là ? Je l'ignore. Il est probable cependant » qu'attiré par le bruit de la vive fusillade, il essayait de se » rendre compte de l'action engagée. »

Je dois ajouter qu'Anselme, étant à ce moment seul officier valide à la 3e compagnie, cherchait sans doute aussi à rallier ses hommes dispersés par le feu des plus vifs qui les avait accueillis en avant de l'auberge.

« Ce devait être, — continue-t-il, — la dernière fois que je » voyais Anselme ; quelques instants après, je fus pris, et, je vous » l'avoue, après y avoir bien des fois réfléchi, j'en suis encore » à me demander comment, après s'être autant exposé, il a » pu rejoindre sa compagnie sans être ni tué ni blessé... »

Le 4 décembre, le régiment rentrait dans Paris.

Anselme avait pu, comme l'a fort bien dit un de ses bons amis, « *montrer, encore une fois, comment un officier doit se conduire devant ses hommes.* » Il avait été épargné, dans cette première affaire vraiment sérieuse pour lui ; et, lorsque, voyant le lieutenant Normand — encore un de ses amis, jeune et brave — porté sur un brancard, il s'élança vers lui pour lui serrer cordialement la main, il remercia du fond du cœur Celui qui l'avait pour cette fois conservé aux siens, mais qui l'avait, cependant, marqué entre ceux qui devaient teindre de leur noble sang les franges du drapeau vendéen.

La nouvelle de la bataille de Champigny parvint indirectement en Vendée. — « *Les mobiles vendéens y avaient été abîmés!* » Tel était le mot que l'on se répétait tristement. — Quelle cruelle anxiété dans le cœur de tous ceux qui avaient quelque parent, quelque ami au 35e mobiles! Quelle cruelle anxiété pour les parents du brave Anselme!... Je ne la décrirai point : pareils sentiments se ressentent, mais ne se dépeignent pas.

On questionnait l'un, on courait chez l'autre, pour savoir si quelque nouvelle était venue du régiment.

Enfin, un mot d'Anselme vint rassurer les siens. « Dieu » merci! il n'avait pas reçu une égratignure. »

C'est ainsi que, après bien des efforts, Anselme put de temps en temps faire parvenir à sa famille quelques mots rassurants. « Amitiés, confiance et courage! » — tels étaient les trois mots qui terminaient généralement ces petits fragments de lettre que l'on conservera comme les reliques d'un « martyr » du devoir. » Sa famille, elle, n'a pu, malgré ses nombreux essais, lui faire arriver qu'une seule lettre. Aussi, — et on le savait par les *petits billets* qui pouvaient traverser les lignes prussiennes, — une des plus vives douleurs des assiégés, c'était cette privation de toutes nouvelles de leurs familles.

« Une des plus grandes douleurs du siége, — écrivait plus » tard un officier, — et que le temps, loin de diminuer, ne fai» sait qu'accentuer davantage, c'était la privation absolue des » nouvelles de notre province. Depuis deux mois que nous » étions absents, nul bruit du dehors n'avait pu traverser les » lignes ennemies...

» Qu'étaient devenus tant d'êtres chers et aimés, dont nous » étions séparés? A cela, point de réponse (1)! »

---

(1) *Troisième bataillon de la Vendée*, par M. de la Boutetière, ancien commandant aux mobiles vendéens.

Très souvent Anselme, assis au bivouac, au milieu de ses compatriotes, au milieu de ses amis, au milieu de ses soldats, qui tous avaient su l'apprécier et qui tous l'aimaient, Anselme, dis-je, s'entretenait à cœur ouvert de « sa Vendée, » de « son Fontenay, » de sa famille qu'il aimait si tendrement, et qui lui rendait bien cet amour.

Parfois la tristesse se lisait sur les traits du brave jeune homme. — Pauvre Anselme! il était d'un caractère bien paisible, et cependant il était condamné à verser le sang! — Grâce à son caractère ferme et résolu, il chassait cette tristesse, et jamais, un seul jour, son énergie l'abandonna. Tant il est vrai « que les âmes fortes ne se laissent point abattre à l'école » du malheur, qu'elles s'y fortifient au contraire, comme le fer » rougi par le feu se retrempe sous le coup du marteau. »

Sa franche gaieté, qui ne l'avait point quitté, faisait même oublier leurs peines et leurs souffrances à ses braves compagnons.

Anselme était parti sans pousser une plainte; le devoir l'appelait, il avait obéi au devoir. Soldat par circonstance, par accident, et non point par goût, il déplorait les cruelles et désolantes nécessités de la guerre, et faisait bien des vœux pour le triomphe de la France, que nul autre que lui ne servit avec plus de dévouement. Ce qu'il souhaitait du fond du cœur, après la délivrance de sa patrie, c'était un retour prochain dans sa Vendée, où des bras lui étaient tendus depuis longtemps.

Anselme avait bien du sang vendéen dans les veines : le Vendéen d'autrefois était brave, mais pourvu qu'il ne quittât pas longtemps son clocher, sa chaumière et son champ. Le Vendéen de 1870 ne ménagea point son sang non plus, mais la pensée de la famille, la pensée de la maison paternelle où veillaient, en causant de lui et en priant pour lui, des parents si dévoués à leurs enfants, il ne pouvait la chasser de son esprit.

« Bien souvent assis, au bivouac, auprès d'Anselme Vallette,

» — m'écrivait le capitaine Bory, — nous causions ensemble » de nos deux familles ! »

Ah ! qu'il serait heureux, — pensait-il, — de revenir auprès de ceux qu'il n'avait quittés que pour servir son pays ! Qu'il serait heureux, sa main dans les leurs, de leur raconter auprès du foyer toutes ses misères, toutes ses peines, mais aussi, — on peut l'ajouter, — toutes ses gloires.

Que d'espérances déçues ! Que de projets éteints !

Anselme devait revenir joyeux et gai vers sa Vendée, vers sa famille : Anselme revint sans vie et percé de deux balles ! La Providence voulait de nobles victimes : elle choisit le pauvre Anselme.

Le 5 décembre, Anselme était rentré à Paris avec tout le régiment. Ce n'était pas sans besoin : balles et maladies avaient, en effet, produit dans les rangs des vides qu'il était urgent de combler. Le colonel Aubry avait été blessé et fait prisonnier, et le régiment n'avait plus un seul chef de bataillon.

On n'avait point été sans remarquer la conduite toujours ferme du jeune sous-lieutenant de la 3e compagnie. Aussi, quand il fut question de réorganiser les cadres que les derniers combats avaient disloqués, Anselme fut, des premiers, proposé pour le grade de lieutenant. Le 8 décembre, il était, en effet, nommé lieutenant à la 5e compagnie, où il devait remplacer le lieutenant Normand, blessé grièvement.

En même temps, M. Madelor, officier distingué, attaché à l'état-major du général Trochu, était placé comme lieutenant-colonel à la tête du régiment. Les vides se comblaient; on réparait les pertes causées par le feu de l'ennemi; on remettait en état armes, munitions et équipements, et, le 27 décembre, le régiment fournissait la garde du Gouverneur aux Tuileries.

Jusqu'en janvier, aucune affaire sérieuse où nos mobiles aient pris une part active.

Le 10 janvier, quatre compagnies du 1er bataillon, et parmi

ces compagnies la 5e (celle qui désormais nous intéresse pardessus toutes), sont envoyées en détachement à Port-à-l'Anglais, entre Yvry et Charenton, pour dégager la flottille que les glaces y retiennent. Ce fut encore un pénible service : et pour être court, il n'en fut pas moins dur. On était parti de la caserne Napoléon avec deux jours de vivres seulement. Nos mobiles une fois rendus à Port-à-l'Anglais, on les y laisse cinq jours, sans leur envoyer d'autres vivres, dans l'eau et sur la glace, avec un froid de 12 degrés pour le moins.

Enfin, ils rentrent le 15 à Paris.

C'est alors que, dans la capitale, le troisième ennemi contre lequel on eut à combattre se fit sentir : j'ai nommé la faim. Il ne restait bientôt plus un seul morceau de pain, — et quel pain ! — On avait goûté de toutes les viandes, et, dès le 25 septembre, Anselme écrivait :

« Nous mangeons tout ce que nous pouvons trouver, et » quand nous pouvons ; mais, enfin, nous nous portons » bien... »

En effet, on avait à peu près épuisé les vivres amassés à la hâte, à l'approche des armées prussiennes.

D'un autre côté, le bombardement devenait d'heure en heure plus terrible. On se croyait donc à la veille d'une capitulation, désormais inévitable et inutilement reculée déjà. Mais, comme on l'a fort bien dit, un gouvernement composé en grande partie d'émeutiers devait *faire preuve de bonne volonté* à cette population sans courage, mais non sans audace, et dont le patriotisme semblait vraiment ne consister que dans les outrages lancés contre l'armée qui versait son sang pour elle (1).

Le gouverneur de Paris réunit donc le conseil de défense, et

---

(1) Sur 344,000 hommes armés de la population parisienne, nous dit M. Chaper dans son rapport à l'Assemblée nationale, le chiffre des enrôlés dans les compagnies de *volontaires* atteignit à peine 6,500. — (*Enquête parlementaire*.)

il fut décidé — ceci pour plaire à la population parisienne, à une partie au moins — qu'une sortie serait tentée par trois corps de 40 à 50,000 hommes chacun, et que du résultat de cette tentative dépendrait le sort de Paris et de ses défenseurs.

Cette résolution prise, contrairement à l'avis du général Ducrot qui ne voulut point en assumer la responsabilité, le gouvernement fait deux parts des forces sur lesquelles il peut le plus compter : l'une destinée à former le corps de sortie avec la garde nationale, l'autre appelée à protéger au besoin le pouvoir contre les tentatives révolutionnaires. Le 35e mobiles, caserné en majeure partie auprès de l'Hôtel-de-Ville, devait contribuer à la défense du siége du gouvernement; mais, au dernier moment, on eut besoin de lui, et le lieutenant-colonel reçut l'ordre de porter, le 18, son régiment à Suresnes, à peu de distance du Mont-Valérien (1). L'attaque devait, en effet, avoir lieu en avant de Montretout et de Buzenval. L'aile gauche, où se trouvaient nos mobiles, devait attaquer à la fois la ville de Saint-Cloud, les villas qui la surmontent et la redoute de Montretout, commencée par nous avant le siége et abandonnée aux Prussiens qui ne l'occupaient pas toujours, mais qu'ils ne devaient point manquer d'occuper en nombre cette fois-ci.

Outre le régiment vendéen, le lieutenant-colonel Madelor devait commander le 42e de garde nationale.

Le point de jonction des deux régiments était l'entrée des Champs-Elysées, où l'officier d'ordonnance du colonel fit prendre position au 35e mobiles, arrivé le premier. La tenue du régiment était ferme et résolue. Anselme était à la tête de sa section, le régiment marchant par section, et il échangea, en passant, une cordiale poignée de main avec l'aide-de-camp chargé d'indiquer les positions.

Sur tous les visages, on remarquait une expression sérieuse

(1) Les mobiles vendéens faisaient alors partie de l'armée de gauche (général Vinoy), 2e colonne (lieutenant-colonel Madelor).

et sévère, signe évident que chacun comprenait qu'il allait concourir à une lutte meurtrière et décisive. Tous avaient l'air martial, tous étaient prêts au combat : mais le plus morne silence n'en régnait pas moins dans les rangs. Le sort de Paris et de la France allait se jouer dans cette bataille : personne ne l'ignorait.

On avait quitté Paris à onze heures du matin; à cinq heures du soir, on était à Suresnes, où l'on devait passer la nuit. Avant d'aller prendre quelques heures de sommeil, les officiers du 1er bataillon de nos mobiles, s'étant réunis, devisaient ensemble de la grande journée du lendemain. L'opinion qui dominait dans ce cercle d'amis et de frères était le danger et l'inutilité de l'immense boucherie humaine qui allait avoir lieu, au point de vue du résultat poursuivi et des intérêts du pays.

Le général Ducrot avait dit en plein conseil de défense que, « *dans l'état actuel, c'était une infamie!* » Les officiers des mobiles Vendéens pouvaient bien penser que c'était au moins une inutilité! Pouvait-on espérer le plus mince des succès de cette nouvelle tentative? On savait fort bien que les lignes prussiennes ne pouvaient être trouées : les rapports des généraux étaient presque tous les mêmes. Ainsi, par une raison politique, et pour contenter une garde nationale qui avait encore si peu trouvé le moyen de se montrer, on allait faire tuer des milliers d'hommes!

Aussi, chacun de ces braves jeunes gens, en échangeant avec ses frères d'armes de cordiales et affectueuses poignées de main, disait-il : « Combien parmi nous manqueront demain » soir à l'appel! » Anselme lui-même, d'ordinaire si calme avant le danger, paraissait inquiet; un triste pressentiment semblait venir troubler son noble caractère, à la veille de la dernière lutte où il se montra si bien.

Le lendemain devait être, en effet, bien meurtrier. — Il ne fait pas jour encore, que le régiment, commandé par le chef du 3e bataillon, M. de Béjarry (M. Madelor, le colonel du

35ᵉ mobiles, ayant sous ses ordres la 3ᵉ brigade toute entière), se dirige vers le pied de la redoute de Montretout (1).

D'après les premières instructions du général Noël, commandant la division, le 35ᵉ mobiles doit occuper le couronnement des crêtes entre la redoute de Montretout et les maisons isolées qui sont à mi-chemin de Buzenval, tandis que les autres brigades de la division attaqueront directement la redoute.

Mais le général Noël change son plan.

« Il faut, s'écrie-t-il, que la Vendée marche en tête, cela lui » portera bonheur, cela lui fera honneur. »

Le régiment vendéen doit donc attaquer franchement la redoute. Après des marches et contre-marches sans nombre, on arrive dans la plaine, en avant du Mont-Valérien. Il est sept heures du matin ; le colonel Madelor, faisant fonctions de général, donne le signal de l'attaque. C'est le 1ᵉʳ bataillon qui doit le premier affronter les batteries ennemies. Il s'avance sans crainte et la tête haute. A mesure qu'on approche de ces hauteurs qu'il faut escalader, les compagnies se déploient de façon à entourer la redoute tout entière, font leurs décharges et se couchent à terre, tandis que l'ennemi y répond. Mais le temps, qui jusque-là s'était montré dur, s'est radouci ; le dégel est complet ; la terre est détrempée et imbibée d'eau ; de plus, on est dans des vignes à échalas qui offrent à tout instant de nouveaux obstacles. Cependant, on arrive à cinquante mètres à peine de la redoute. L'espoir règne dans tous les cœurs : bientôt on sera maître de ces meurtrières batteries, bientôt on occupera ces collines hérissées de canons allemands. Mais alors le feu redouble, car les Allemands ont reçu du renfort.

---

(1) Le commandant de Béjarry avait sous ses ordres les deux premiers bataillons des mobiles vendéens et un bataillon de la garde nationale. Le 3ᵉ bataillon des mobiles était sous les ordres du lieutenant-colonel Bixio qui, avec un autre bataillon de la garde nationale, devait appuyer la 1ʳᵉ ligne, où se trouvait le 1ᵉʳ bataillon de la Vendée.

Nos mobiles sont complètement à découvert et ils reçoivent non-seulement le feu de l'ennemi, mais aussi celui de leurs camarades qui attaquent le côté opposé de la redoute.

A cette distance, le feu est devenu excessivement vif; les balles tombent comme grêle, et font de nombreux vides. Le commandant de Béjarry est blessé et obligé de céder le commandement que le colonel Madelor lui avait confié.

Le mouvement en avant du bataillon commence à ne plus s'effectuer aussi régulièrement : quelques hommes épuisés se couchent à terre, d'autres s'arrêtent, quelques-uns dont les fusils refusent le service font mine de fléchir. Heureusement trois compagnies viennent à temps renforcer le 1er bataillon. Le mouvement en avant reprend un peu; tous les officiers se jettent à la tête de leurs hommes. Mais le feu redouble, la mitraille couvre les rangs et arrête de nouveau l'élan de nos mobiles. Anselme veut encore une fois entraîner ses hommes qui, en présence d'un feu aussi vif, n'osent plus avancer : « *En avant, mes amis, nous arrivons!* » leur cria-t-il en brandissant son sabre et en leur montrant, à quelques mètres seulement, la redoute qui les meurtrit et qu'il faut emporter. C'est alors (1) que le brave lieutenant s'affaisse sur lui-même et tombe à terre. Il veut se relever, mais en vain. Quelques hommes courent à lui : « Mais, je n'ai rien, s'écrie-» t-il, et ne sais vraiment pourquoi je ne puis me relever.... » Regagnez vos rangs! » Excité par la chaleur de l'action, enivré par l'odeur de la poudre, jaloux de voir ses hommes marcher au premier rang, il n'avait pas senti le coup qui devait le ravir aux siens. Mais bientôt l'illusion se dissipa : pris d'une soif ardente, il accepta d'un sergent accouru près de lui quelques gouttes d'eau-de-vie, qu'il rendit teintes de sang.

Pendant que le 2e bataillon, prenant la place du 1er, épuisé par plusieurs heures d'une lutte continuelle, entrait courageu-

(1) Il était environ huit heures et demie du matin.

sement dans la redoute, entraîné par le commandant Chappot, Anselme recevait des mains de son généreux cousin, le docteur Landais, aide-major au 3e bataillon (1), les premiers soins qu'exigeait la gravité de ses blessures.

Vers onze heures, il était enlevé du champ de bataille et transporté dans une maison transformée en ambulance et derrière laquelle le 1er bataillon était venu se reformer. C'est alors que ses amis, ses compagnons d'armes, qui n'avaient pu, malgré tout le désir qu'ils en avaient, aller le relever pendant l'action, vinrent l'assurer de leur affection et s'enquérir de son état. Si, au premier abord, le pauvre blessé s'était fait illusion, il sentait maintenant toute la gravité de sa position : percé de deux balles !... Aussi, quand ceux qui l'entouraient voulurent lui adresser quelques paroles d'encouragement : « Mes braves amis, répondit-il, c'est bien inutile : les Alle-» mands ne m'ont point manqué ! Je souffre trop pour pouvoir » me relever... Pourtant, ô mon Dieu ! c'est bien triste de » mourir si jeune ! »

Quoique très fatigué, il était heureux de pouvoir converser avec ses amis, qui, en le voyant parler si librement, ne pouvaient supposer que c'était pour la dernière fois qu'ils étaient venus lui serrer la main.

Puis, vint l'ordre d'évacuer l'ambulance provisoire. Anselme, grâce aux bons soins des amis qui l'entouraient, fut soigneusement pansé et placé dans une voiture d'ambulance qui l'emporta immédiatement vers Paris.

C'est à l'hôpital Beaujon que nous retrouvons le pauvre Anselme entouré des soins que lui prodiguent et le docteur Bergeron et les religieuses dont le dévouement est si connu. Hélas ! tous ces bons soins devaient être inutiles et impuissants ! Les blessures étaient trop graves. L'état du pauvre blessé em-

(1) Et dont la conduite, pendant la bataille, fut mise à l'ordre du jour du 3e bataillon.

pirait presque d'heure en heure, et l'instant approchait où sa belle âme allait retourner à Dieu.

Alors, que de pensées vinrent l'attrister !

Mourir si jeune ! A peine âgé de 22 ans, plein de force et de santé, quitter cette terre à laquelle il était attaché déjà par tant de liens !... Il avait pourtant formé bien des projets : il était heureux de penser, au matin de la bataille, que ce serait la dernière fois (1) qu'il aurait à verser le sang ennemi, lui si paisible et si bon. Il espérait, en même temps, que le ciel le protégerait encore une fois. Alors il n'aurait plus que quelques heures à passer dans cette capitale, et il serait rendu à ses « excellents parents, » à ses « amis nombreux, » à sa « chère Vendée. » Alors il goûterait en paix ce repos que tant de fatigues, tant de labeurs, tant de courage lui avaient justement mérité !...

Mais Celui qui règle nos destinées en avait décidé autrement : Dieu avait été bien souvent offensé par la France, et dans ces jours de malheur il lui demandait de nobles victimes. Anselme l'avait senti, et, malgré toutes les souffrances que lui causaient ses deux blessures, il était courageux et résigné à tout. Il voyait bien que Dieu l'appelait à lui, et il se préparait à ce « lointain voyage. »

Que pouvait-il se reprocher, d'ailleurs ?

Son devoir était de combattre et de mourir, s'il était besoin : et il avait généreusement rempli ce devoir. Aussi ne regrettait-il pas d'avoir versé son sang pour son pays ; mais ce qui lui arrachait des larmes, c'était cette pensée qui revenait sans cesse : Mourir loin de tous les siens !... « Ah ! si je pouvais » seulement, s'écriait-il, embrasser une fois ma bonne mère » et mon excellent père, si je pouvais revoir tous les miens » pendant une seule minute, alors je m'endormirais content, » après m'être réconcilié avec Dieu ! »

(1) On avait dit, en effet, que la bataille de Buzenval serait un effort décisif.

Pauvres parents, pensait-il, à l'heure qu'il est, ils me croient peut-être sauvé; ils vont m'attendre de jour en jour, et, quand mes amis, mes compagnons d'armes reviendront vers leurs foyers, on me cherchera en vain dans leurs rangs !... Et qui donc ira leur porter la triste nouvelle ?

Cependant ses derniers instants ne furent point sans espérance ; quand on est chrétien et catholique, l'espérance est toujours présente. Puis, le courageux jeune homme ne fut point abandonné; presque à tous moments, quelque parent, quelque ami, allait s'asseoir à son chevet, presser sa main et lui donner des encouragements et des consolations. Et, si le devoir n'avait pas dû être placé au-dessus de l'affection, ce n'est point quelques amis seulement, c'est le bataillon entier, m'a-t-on assuré, qui serait venu lui faire ses adieux. Mais nos mobiles avaient été consignés pendant plusieurs jours, pour protéger le gouvernement contre les coups de main des misérables, indignes du nom de Français, qu'on avait déjà vus à l'œuvre au 31 octobre.

Il fut donc impossible pour beaucoup de se rendre à l'hôpital.

L'état d'Anselme s'aggravait de plus en plus : le sang qu'il avait perdu en grande quantité l'avait énormément affaibli. C'est à ce moment que le digne aumônier de l'hôpital s'approcha du jeune officier et lui offrit les secours de la religion. Anselme n'oubliait point qu'il était chrétien et Vendéen : il avait montré jusqu'alors que le Vendéen de 1870 a du sang de ses pères et qu'il sait, comme eux, mourir au champ d'honneur; il voulut montrer qu'il en a aussi la foi. C'est donc avec le plus grand bonheur qu'il accepta les secours et les consolations de la religion, qui, seule, peut adoucir la mort et les pénibles séparations qu'elle entraîne.

Sa préparation faite, il se confessa et reçut les derniers sacrements avec la plus complète soumission à la volonté de Dieu. Puis, après avoir remercié ceux qui l'avaient assisté dans ses derniers moments, après une dernière pensée pour ses parents et pour ses amis, qu'il quittait tous à si grand regret, mais qu'il comptait revoir là-haut, il rendit le dernier soupir.

Anselme était tombé, le 19, au champ d'honneur. Le surlendemain, à une heure du matin, il quittait la terre d'exil, le jour même où, près de quatre-vingts ans auparavant, un autre martyr, un Roi-martyr, montait également au ciel. Car, nous en avons la ferme espérance, Dieu n'aura point refusé sa miséricorde à celui qui a fait si généreusement le sacrifice de sa vie pour accomplir son devoir, et qui, après avoir teint de son sang le sol de sa patrie, a accepté les souffrances qui lui étaient envoyées avec une aussi pieuse résignation. N'a-t-on pas dit, du reste, avec raison, que le « dévouement est l'instinct de l'immortalité? » Oui, certainement, Dieu aura accordé au cher Anselme la palme des élus : ses peines et ses labeurs, son courage et son dévouement auront été récompensés!

Que le bonheur céleste auquel Dieu le réservait soit un adoucissement aux douleurs de ceux qui le pleurent!

Ses funérailles, simples et décentes, que la religion accompagnait de ses prières et de ses bénédictions, eurent lieu par les soins de son cousin, M. Jules Tessier, qui se montra pendant tout le siége plein de dévouement et d'affection pour le cher Anselme, et par ceux de M. Magord, officier d'administration du 35e mobiles.

La dépouille mortelle du jeune lieutenant de la 5e compagnie fut déposée provisoirement au cimetière Montmartre : convoi modeste, il est vrai, mais où l'on ne voyait que des amis, que des personnes attirées par leur affection et par leur sympathie pour ce jeune martyr du patriotisme.

Un détachement de garde nationale seulement rendait les honneurs dus à son grade.

« Le régiment vendéen, — m'écrivait son ami et ancien lieu-
» tenant, — n'a pu rendre à ce pauvre Anselme les honneurs
» qui lui étaient dus. Nous soutenions ce jour-là, à l'Hôtel-
» de-Ville, l'assaut qui était donné par les gens de Belleville.

» Le colonel, qui l'affectionnait beaucoup, n'a pu envoyer que » l'officier d'habillement, seul officier disponible.... C'est une » chose que son bataillon, en particulier, a vivement regrettée. »

Ainsi finit, à l'âge de 22 ans à peine, Anselme Vallette, dont la trop courte existence a, comme on l'a fort bien dit, été consacrée tout entière à la pratique du bien, et dont le nom glorieux éveillera dans toutes les âmes un souvenir d'honneur, de vertu, de bravoure et de loyauté. C'est un témoignage que lui rendent, sans exception, tous ceux qui l'ont connu.

Il avait le commandement ferme, mais affectueux. Aussi, tous ceux qui ont servi sous ses ordres l'aimaient-ils sincèrement. Il pouvait tout leur demander; ils ne lui auraient rien refusé : et sa mort a été un deuil pour tout le régiment.

On dit — et justement — que « les témoignages rendus à la » mémoire d'un homme montrent le mieux ce qu'il était et ce » qu'il a fait. » C'est pourquoi je me permettrai de transcrire ici les passages de plusieurs lettres, qui n'étaient point sans doute destinées à la publicité, mais qui font trop l'éloge du jeune officier, pour rester ignorées de ceux auxquels j'ai voulu le faire connaître.

C'est tout d'abord son commandant, M. Lemercier, qui, terminant une lettre de détails adressée aux parents désolés du brave Anselme, s'exprime en ces termes :

« Nous avons tous sincèrement regretté Anselme; il emporte » avec lui l'estime de tous. Il était un bon et brave officier, un » digne et loyal garçon !... »

Puis, c'est son premier capitaine, celui qui fut toujours pour lui, je ne dirai pas seulement un frère d'armes, mais un véritable père d'armes, si je puis m'exprimer ainsi :

« Vous me demandez, — dit-il dans une lettre qu'il m'adresse » au moment d'écrire ces pages, — des détails sur la vie et la » mort du pauvre Anselme Vallette, mon sous-lieutenant pendant une partie du siége de Paris. Je vous remercie de me » donner une nouvelle occasion de faire son éloge.

» Il est resté mon sous-lieutenant jusqu'à Champigny; vivant » dans une intimité continuelle avec lui, soit à Paris, soit au » dehors, au feu comme au bivouac, j'ai pu apprécier ses » bonnes qualités : avec la légèreté de son âge, il en avait » toute l'intrépidité; c'était, en un mot, un cœur d'or et un » brave soldat... »

Ce sont les paroles de l'ami à la complaisance duquel j'ai eu déjà recours plusieurs fois :

« .... Ses excellentes qualités, — dit-il à son tour d'un langage plein d'affection, — son bon naturel, lui avaient acquis » l'attachement de tous ses camarades et de tous ceux qui » avaient pu l'apprécier. Sa mort a été un deuil pour nous » tous; elle a laissé parmi nous un vide qu'il a été bien difficile de remplir. J'oserais presque dire que notre perte a » été aussi grande que celle de sa famille : elle retrouvait en » lui un fils dévoué, possédant toutes les qualités et toutes » les vertus qu'elle lui avait inspirées; nous avons perdu, » nous, un ami, un camarade et un exemple permanent de » bravoure et de courage que nous étions fiers de rencontrer » en lui... »

C'est un autre de ses compagnons d'armes, dont la trop grande modestie me force de taire le nom, et qui s'exprime ainsi :

« Je voyais Anselme très souvent, et même tous les jours : » les fatigues que nous éprouvions n'avaient en rien altéré » son caractère; et sa gaieté communicative nous a fait souvent passer d'excellentes heures, pendant lesquelles nous » nous prenions à oublier nos dangers et nos peines.

» Enfin, je vous répéterai ce que bien d'autres ont dû vous » dire : Anselme fut le modèle des camarades, comme il fut » le modèle du soldat dévoué... »

C'est son parent, M. Jules Tessier, qui, en donnant des détails sur le convoi et la sépulture du pauvre Anselme, a fait un nouvel éloge de son bon caractère :

« .... Ce cher enfant s'était attaché à moi : j'avais eu le » bonheur de l'avoir chez moi à dîner tous les dimanches » pendant le siége, et j'étais heureux de lui offrir cette petite » marque de mon affection pour lui.

» .... Il repose au cimetière Montmartre.... (1), et tous les » dimanches je vais lui porter une couronne et verser quelques » larmes sur sa tombe. Je l'aimais bien, en effet. C'était une » si bonne nature et un cœur si doux! »

Enfin, connaissant bien le cœur d'Anselme Vallette, je m'adressai à l'aumônier de l'hôpital pour avoir de lui des renseignements plus intimes sur les derniers moments du jeune Vendéen. Voici en quels termes affectueux et consolants il me répondit :

« Ce digne chrétien, ce martyr du devoir, est mort comme » savent mourir tous ceux qui aiment Dieu et leur patrie. Ce » sont les paroles même du directeur de l'hôpital, le seul » témoin qui puisse aujourd'hui satisfaire aux désirs de votre » douleur. Car, moi-même, je n'étais plus en ce moment à » l'hôpital Beaujon : j'avais demandé à aller sur les champs » de bataille partager de plus grands périls... Or, l'aumônier » qui me remplaça et les bonnes religieuses qui soignaient » M. Vallette ont quitté Beaujon, sans que je puisse savoir où » les prendre.

» Mais le directeur se souvient fort bien du digne officier » Vallette : il a cruellement souffert de ses blessures tout d'abord; mais l'hémorrhagie abondante qui suivit l'affaiblit » tellement, que ce fut là la véritable, la seule cause de sa » mort. »

« Je sais que cet officier a fait une mort très chrétienne, » — m'a-t-il dit encore une fois. »

---

(1) Au mois de juillet 1871, les précieux restes d'Anselme Vallette étaient ramenés en Vendée par les soins d'un frère dévoué, pour être placés dans une sépulture de famille, où ils reposent aujourd'hui.

Voulant tâcher d'obtenir quelques autres détails et une assurance nouvelle de cette mort chrétienne, dont je ne doutais point, mais que je voulais non-seulement affirmer mais prouver, c'est au directeur lui-même que j'eus recours. Il ne m'apprit rien de plus : il confirma seulement ce qu'avait dit le bon aumônier de l'hôpital, « que le jeune lieutenant des mobiles » vendéens était mort très chrétiennement. »

Du reste, les quelques amis qui purent approcher du pauvre Anselme, dans ses derniers instants, ont été unanimes pour citer sa belle mort.

Les éloges de ceux qui se connaissent en bravoure et en dévouement sont la plus précieuse des récompenses.

Jeune homme charmant, brave soldat, excellent officier, chrétien généreux : tel fut Anselme Vallette. Aussi, après la perte d'un si noble jeune homme, on peut se figurer, quand on a connu la douleur, ce que fut celle des parents qui avaient formé ce cœur, et de tous ceux enfin qui l'appréciaient et l'aimaient.

On l'a dit fort justement pour un autre jeune brave, et je puis le répéter pour Anselme :

« On peut regretter mais non plaindre celui qui paraît ainsi » préparé devant Dieu. A la gloire qui entoure le soldat tombé » sur le champ de bataille, s'ajoute alors une consolation » meilleure, celle de savoir qu'il a fait en chrétien le sacrifice » de sa vie. Et les hommes de cœur ne pourront s'empêcher de » garder, comme exemple, le souvenir de cet héroïque jeune » homme tombé à la tête des siens, à peine âgé de 22 ans. »

Il me reste une chose à faire, avant de terminer cette petite notice : remercier du fond du cœur tous ceux qui ont bien voulu, en donnant une nouvelle preuve d'affection et d'attachement au pauvre Anselme, me fournir des détails, des renseignements, et guider dans ce petit travail ma plume encore inexpérimentée.

R. V.

Fontenay-le-Comte. — Imprimerie Ch. Caurit.

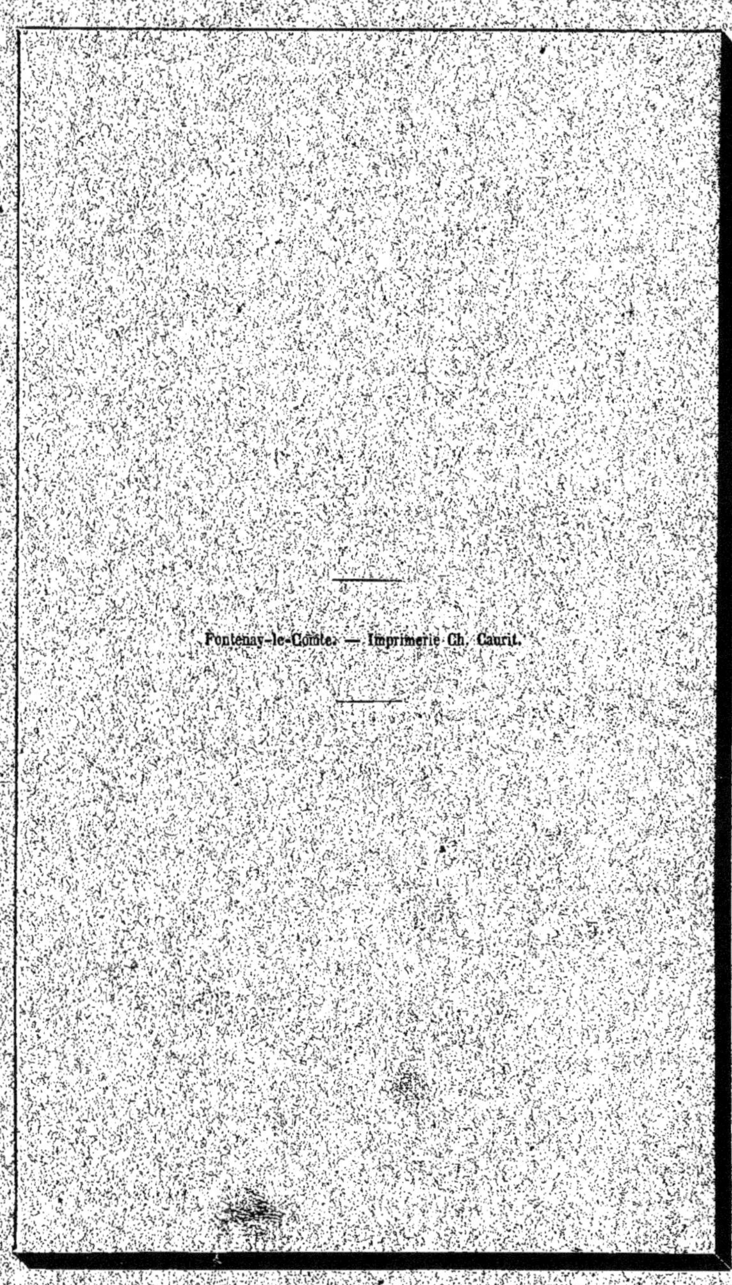

Fontenay-le-Comte. — Imprimerie Ch. Caurit.